심상시선 112

단색의 설원과
바람 소리

고영복

시인의 말

학교를 갓 졸업하고 사회에 첫 발을 내딛던 때처럼,
초년생 같은 마음으로 65편의 시를 엮어 첫 시집을 내봅니다.
시상을 하나씩 끄집어내어 세상 밖으로 내놓을 적마다
설레기도 하고 부끄럽기도 합니다.
그리고 지나온 시간들을 되새겨보면
감사하고 행복해집니다.
함박눈이 펑 펑 쏟아지는 날이 크리스마스이브이기를 바랐던
어린 날의 소박한 소망을 떠올려 보며

2021년 1월 24일

고영복

차례

시인의 말   3

바람이어라   9
수도자의 길   10
그때 그대로   12
시절 잃은 세월에   13
작은 아씨   14
할머니의 담뱃대   16
논산 훈련소   17
회상   18
할머니의 귀향   20
한 잔의 커피   22
언덕위에서   23
숲의 소리   24
성황산에 올라   26
백아산   27
바람의 정원   28
또 하루가   29
다시 쓰는 편지   30
나지막한 소리로   31
길   32

그리움	33
광교 호수	34
겨울 숲에 서서	35
첫눈	36
열리는 하늘	38
연가	39
아랫목	40
쉼표	41
숲속 공원	42
새롭게 태어난다면	44
쉼	46
사랑이라는 말	47
바로 오늘	48
노을의 향기	49
그대로 머무네	50
어머니의 명심보감	51
아마도	52
비어있어 아름다운	53
그대에게	54
눈길을 걸으며	56
아이야	57
바람이 데려다주는 곳	58

그려 볼 수 있다면	59
가 보고 싶다	60
아름다운 남한강	61
그 자리에	62
해지는 들녘에서	63
여름의 길목에서	64
하늘 밑 새벽 길	66
알고 있을까	67
소나기가 그친 다음	68
설레임	69
머무는 향기	70
다시 온 봄	71
가을의 남산	72
외로운 별 하나	73
소중한 당신	74
빛	75
겨울 새	76
내 이름은 누나	77
이 순간	78
고해성사 하던 날	79
이리도 감사할까	80
시인의 마음 되어	81

그네가 있는 곳   82
가을은   83

악보&가사

1. 나지막한 소리로 (이안삼 작곡)   87
2. 시절 잃은 세월에 (이안삼 작곡)   92
3. 성황산에 올라 (신귀복 작곡)   97
4. 백아산 (신귀복 작곡)   102
5. 논산 훈련소 (성용원 작곡)   106
6. 그때 그대로 (성용원 작곡)   114
7. 시인의 마음 되어 (성용원 작곡)   119
8. 광교 호수 (장동인 작곡)   124
9. 알고 있을까 (손태전 작곡)   130
10. 가을은 (심진섭 작곡)   137
11. 아리랑 연가 (나실인 작곡)   143
12. 아리랑 연가 (심진섭 작곡)   150
13. 아리랑 연가 (조주아 작곡)   156

시평 _   161
햇볕이 내려앉은 눈부신 난색의 설원(雪原)
     - 박동규

바람이어라

누가
꽃보다 아름다운 신록이라 했을까

아침
창가에 날아온
푸르른 산새의 지저귐
풀잎 끝에 맺힌 이슬방울은
여름날의 하늘이라 말할까

마음
가득 그 하늘을 담고
푸르름에 젖는
맑은 아침의 노래

가슴
미어지듯 휘몰아치는
그리움도
설움도
찬란한 신록 앞에선

그저
바람이어라

수도자의 길

내가 저 길을 간다면

면회 온 이의 가슴마저 먹먹해지는
장벽 같은 수도원의 철문 너머
긴 세월 함께 해온 아름드리 소나무

눈이 부시도록 화창한 봄날
화려한 파도 손짓하는 여름
붉은 낙엽 져버린 숲
매서운 겨울의 눈 더미마저도
회색빛 수녀복으로 감쌀 수 있을까

차곡차곡 가슴에 담은 희로애락
드높은 하늘 푸른 초원
경이로운 자연의 변화까지도
하얀색 두건으로 덮을 수 있을까

긴 여정
거칠고 험한 길 돌아보며
검붉은 소나무에 등 기대어 서서
참, 아름다운 세상이라고
모든 것은 은총이라 말하며

나도 저 길을 갈 수 있을까

그때 그대로

밤은 없었어
아직도 다정한 네 미소 위로
어두움 내려앉은
밤은 없었지

밤을 잊었어
아직도 따스한 네 마음 뒤로
잔잔한 강물처럼
밤을 잊었지

빛바랜 세월 뒤 편
너와 나 다른 모습
하지만

내 마음의 강물은
그때 그대로
그때 그대로

시절 잃은 세월에

시절 잃은 세월에 비켜간 시간들
돌아보면 아득한 서산 지는 노을인데

우리들의 사랑은 촛불처럼 타올라
저 높은 산등선 보이는 오르막길 이련가

긴 여정 인생길에 오롯이 피어나
가도 가도 끝없는 무지갯빛이어라

아. 오늘도 그날처럼 그리움을 가득 안고
아름답고 순결하게 피어나리라

작은 아씨

어린 시누이를 깍듯이
대접하는 말
"작은 아씨!"

작은 아씨 한마디에
마음이 부풀고
작은 아씨 한마디에
행복한 꿈을 꾸고

엄마처럼 나이 많은
종갓집 새언니
층층시하 어른들 받들며
쉴 틈 없는 하루하루

달빛 그늘처럼 어느 날
마루 끝에 다가와
나지막이 부를 적이면
"네"
반가이 맞는다.

대접받는 말
꿈꾸게 하는 말
들을수록 행복해지는 말

새언니가 오는 날엔
내 마음은 어느덧
부푸는 "작은 아씨!"

할머니의 담뱃대

똑똑똑
언제 신호가 들려올까
이번엔
단 한 번에 끝내야지

드디어
쇠붙이 두드리는 소리
담뱃불 붙이라는 할머니의 신호

화들짝 다가가 긋는 성냥불
긴 호흡으로 빨아올리는 불
달아오른 선홍빛 불꽃에 환호
단 한 번에

왠지
익숙하게 다가오는 향기

마치 대단한 일을 해낸 듯
아주 잘했다는 칭찬 한마디에
똑똑똑
행복해지는 하루

논산 훈련소

함박 눈 흩날리던
어느 겨울날
갑자기 커 보이는
아들의 얼굴

까까머리 군인 머리
손 흔들며 돌아서는
아들의 뒷모습

따스한 봄기운 언제 오려 나
내일은 오늘 보다
따뜻해질까

남극보다 더 멀고
북극보다 더 훨씬 먼
아득한 나라 먼 나라
논산 훈련소

회상

노을이
환상처럼 다가온 후
오랜 친구 떠올리며
나서는 길

물살처럼 반짝이던 태양도
파도처럼 밀려오던 바람도
다 떠나버린
그 자리

저 멀리
산 아래 초가 마을
감이 익던 안 마당
향나무 우거진 그늘
명희 네는 어디 갔을까

코스모스 길 따라
냇가를 지나
그 길
국화밭에 닿으면

언제
다시 볼 수 있으려나

할머니의 귀향

할머니는 내가 태어났을 때부터 할머니였다
막 첫말을 뗄 때, 첫 걸음마를 뗄 때
그때도 할머니였고
내 나이 이십이 되어서도 할머니였다

햇볕이 쨍 쨍 내리쬐던 여름날
할머니는 세모시 옥색 치마를
입으셨다
그리고 언제나 알람시계처럼
새벽 4시에 들려오던
성경 읽는 소리

지금도 귓전을 울리던 낭랑한 그 음성
이제 와 돌아보니 할머니의 젊음
바쁜 어머니를 대신하여 젊은 엄마 차림으로
학부형 회의에 나오시던 생생한 모습

그 할머니 천상 고향으로 떠나신지 어언 50년
강산은 다섯 번째 변해가는 데
할머니의 고향은 바뀌었을까
누굴 만났을까
아름다울까

한 잔의 커피

늘
벗하던 종달새 다람쥐
사랑하던 숲과 호수
풀잎 끝 이슬방울에
서둘러 돌아서는 가을 하늘

어느 날 갑자기
가려진 시야
산촌에서 도시로 옮겨온
뒤엉켜진 이삿짐

늘
고마웠던 아침 햇살도
산뜻한 새벽 공기도
회색빛에 사라지고 만

커피 한 잔에
녹아드는 하루

언덕 위에서

바람 부는 날
무심히 걷는 길 위에선
누구든 만나고 싶다

이마에 닿는 따스한 햇빛이
고맙기도 한 것은
몹시도 맑고 청명한
하늘이 있어서이지

바람에 나부껴간 시간들
공연히 허둥대는 마음
소나무 아래 작은 벤치엔
못다 한 사연도 묻혀 있으련만

바람에 흩어지는 꽃잎 사이로
푸르른 유월 햇살 가득 머금은 채
잘 조율된 피아노처럼
리셋되는 여정

숲의 소리

진분홍 해당화 겹 이파리
무수한 봉오리들의 성급한
아우성

한꺼번에 터질 것만 같은
화려하고도 놀라운
욕망

쉼 없이 들려오는 철새 소리에
가끔씩 떠오르는 의문
목에서 나는 소리가 잠기지 않을까
그냥 날면 안 될까
꼭 저렇게 소리쳐야만 할까

일정한 리듬으로 이어지는
지저귐 속에

뚝 길 따라 오늘도
이름 모를 꽃으로 덮이는 야생화
천국

해 그림자 짙어오는 언덕 너머엔
밤하늘의 무수한 별빛처럼
앞다투어 터져 오르는
숲의 소리

성황산에 올라

돌아온 소쩍새
앞 그늘에 나래 펼 때
행여 손끝 둥근 달에 닿을까
한 뼘 한 뼘 오르네
성황산 봉우리

산 벚꽃 꽃잎들이
흩날리던 냇가에도
멀리서 다가오는
때 이른 봄

거울처럼 맑은 냇물에
내 모습 비추이고
솔바람 마주한 채
두 손엔 가득
하얀 조약돌

앞 숲 가득한 소쩍새 소리
아름다운 산하
영원한 고향이여

백아산

산뜻한 향내 따라
찾아온 백아산에
뭉쳐진 햇살 너머
파란 하늘 숨을 쉰다

갈대밭 사이사이
숨어있는 진달래꽃
오월이 오기만을
기다리는가

아! 백아산 정상에
두 얼굴 마주한 채
봄바람 뒤로하고
파란 하늘 바라본다

바람의 정원

길어진 기다림은
형태도 바꾸는 걸까
아쉬움은 간절함 되어
시간 따라 변하고

봄을 채 즐기기도 전에
머리 위에 와 있는 여름
출렁임 속에
슬그머니 다가오는 바람

멀어진 듯 가까워진 듯
소용돌이 멈추는 곳
어찌 버티나
가슴속 파고드는 이 여름을

또 하루가

당신과 머무는 하루

밟히는 낙엽위에
나란히 누워 볼 까요
엷어지는 가을 해 보며

영원히 함께 한다는 말
가치 있는 삶이라는 말

파드득 헤쳐 나오는 억새풀 사이
청동 오리 날개 짓에
유난히도 빛나 보이는
물결

조금씩
오색단풍 물드는 숲길에 서서
이슬에 목축이다 떠나는
사랑 깊은 철새가족 보며

당신과 보내는 하루

다시 쓰는 편지

오늘을 맞기 위해
간밤에 불어오던 세찬 바람은
그토록 몸부림을 했을까

쓰다만 편지
머무르지 않는 바람처럼
얼마나 더 써 내려가야 할까

어느 곳을 향하는지
소근 대는
갈 곳 없는 그리움

깊숙이 드리워진 해 그림자
가쁜 숨 몰아쉰 채
사색에 빠져든 겨울나무
보며

숨기지 않고
머뭇거리지 않고
다시 쓰는 편지

나지막한 소리로

나지막한 소리로 소슬 비가 내리 네
하얀 목련 피어난 고즈넉한 길가에도

나지막한 소리로 소슬 비가 내리 네
벚꽃 잎 흩날리던 한가로운 강가에도

새 희망 가득한 우리들의 사랑을
푸른 하늘 저편에 더 높이 띄울까

달래 냉이 돋아나는 언덕에 서서
나지막한 소리로 노래 부르리라

진달래 피어나는 산허리에 서서
우리들의 사랑을 노래 부르리라

길

달밤
천지 사방이 잠든 밤
은하수 외길 타고
시간 여행 떠나는

세찬 바람 폭우에
숲은 이미 깨어나고
달밤 같은 그리움
안개로 스며오나

반짝이는 별 되어
잔잔한 바람 되어
외길로 떠난 여행

돌아오는 그 길은
너무도 멀어
그 길 위에 남을까
꽃숭어리 되어

그리움

저 바람 속에 우리 아이도 섞여있을까
추위도 아랑곳없는 아이들 소리

갑자기 빠져드는 그리움

미처 돌아가지 못한 외로운 철새
엄마 찾는 소리일까
아기 찾는 소리일까

유난히도 귓전을 울리는 지저귐 뒤로
차디차게 다가오는 그리움

해 기우는 저녁시간
지구의 반대편에 서서
시공을 뛰어넘는 아스라한 목소리

엄마 곁에 가지 못한 아기 새처럼
아기 잃고 떠나간 엄마 새처럼
허공중에 흩날리다
가슴속 깊은 곳에 와닿는 그리움

광교 호수

광교산 맑은 계곡
가느다란 물줄기 따라 가노라면
호숫가 오솔길엔 수북한 낙엽

마른 가지 사이
만추를 알리는 철새들의 화음
아름다운 광교호수에 물들어 볼까

청명하던 하늘도
검푸르던 녹음도
숲 사이사이 내리쬐던 햇빛도
기억의 저편으로 멀어져 가고

호숫가 벤치에 햇살을 모아
잔잔한 화음으로
만추의 광교를 노래하리

겨울 숲에 서서

한 점 구름 없는
한적한 날
살며시
살며시 숲길을 가면

맑은 햇살 비켜간 오솔길엔
계절 따라 다시 온
겨울 철새 나래 펴고
아득한 산 까치도
나래를 펴 네

아. 어느새 와 있는
자연의 숨결

벌거벗은 나무
머잖아 움터 오를
봄의 전령
아슬한 속삭임은
살갗에 와닿을 이파리의 간지러움

설레임 가득한
겨울 숲에 서서

첫눈

창밖을 봐 (보고 있어)
첫눈이 왔대 (그래, 첫눈이야)
함박눈 와 (-)

전해오는 첫눈 소식

한순간 하얗게 변한 시야
빠져드는 듯한
어린 시절 동화 나라로

----- 지금도 읽힐까
그토록 궁금해했던 백설 공주는
----- 꿈을 꿀까
일곱 난쟁이들은

그들이 꿈꿨던 세상
살고자 했던 맑은 세상

잠깐 동안 덮여진
하얀 나라
----- 난쟁이의 오두막집은

어린 시절의 동화나라
행복한 흑백 추억

열리는 하늘

새파란 달빛

새벽을 반짝이게 하는
아름다운 눈송이
나풀거리는 선율
마띠나따 (mattinata)

얼어붙은 대지에
새 힘을 불어넣는
아침에 부르는 사랑의 노래

동트는 아침

문득
이 얼마나 큰 축복일까
들을 수 있다는

더욱더 강해져 가는
눈꽃 선율에
어리는 감동

하루를 열며

연가

하얀 파도 밀려드는 아침이 오면
나 가 리라. 그대 있는 곳으로
멀리에 배 떠나가는 곳
파도 위에 올라앉아
둥둥 떠 가리라

한낮이 와도
눈이 쌓여도
물결은 그 자리에 춤을 추리니
바람 따라 선채로
날아가리라

구불구불 우거진 숲 좁다란 길
파도와 맞닿는 모래사장에
떠나간 배 돌아오면은
마중 나가 맞이하리
그리운 그대

아랫목

함박눈으로 뒤덮인 세상
6학년 과외수업 마치던 날

통금시간 임박하여
뛰어 들어오던 날

할머니 방 아랫목에 볼록한 이불
따끈한 놋쇠 밥그릇
미끄러지듯 발을 집어넣다가
'앗. 뜨거!'
비명과도 같은 외침

순간
'아이고 내 새끼!'

어린 손녀의 두발을 끌어안은 채
안절부절 하시던
우리 할머니

쉼표

마음으로 봐야 한다는 가을
메타 세쾨이어(meta sequoia)길 따라 걸으면
북유럽의 여신(Idun) 들이 날아올 것 같은

쉼표가 담긴
가을 숲

잔잔히 울려 퍼지는
숲 터널 어귀 슈만(schumann)의 꿈(traumerei)

꿈에 잠겨 바스락거리는
연두. 노랑 잎사귀들

이 가을

여신이 걸었을
그 길을 다시 걸으며

숲속 공원

이른 아침 숲이 부르는 소리
창을 열면
앞다퉈 입술 내밀 듯 피어나는
연두색 이파리들

어느새 그림자 드리우는 숲
시야 가득한 애기 다람쥐
경계수위 높여가며
가쁜 숨 몰아쉬고

익숙한 소리 있어 귀 기울이면
숲속 공원의 또 다른 가족
열심히 주변 살피며
새끼들 허기 채워주는
부산한 엄마 토끼

긴 겨울
배고프진 않았을까
춥진 않았을까

스치는 바람에도 깜짝 마주치는
맑은 눈
천적이 나타나지 않기를
숲속에 평온이 깃들기를

새롭게 태어난다면

신의 은총 받아
새롭게 태어난다면

나의 인생은 이야기가 되고
시가 되리니

가만히 있어도 하늘이 보이는
당신의 눈동자처럼

구름 속에 숨어있는
비밀스런
그 푸른 하늘처럼

늦가을 오후의 적막 속에
흩어지는 가로수
은행나무 금빛 이파리처럼

내 마음속의 르네상스
내게 일어나는 모든 일들

새롭게 태어난다면

쉼

햇볕마저 시들고
티 하나 없는 텅 빈 하늘
간밤의 별 무리들 흔적도 없이
홀로 남겨진 하얀 낮달

산마루엔 지쳐있는 들꽃 무리

곧 흔적 없이 사라질 하얀 달 보며
귀를 활짝 열어 놓은 채
붉은 숲 멀리에서
들려오는 목소리

신비로움 속에
깊이 내쉰 숨 고르며
당신 안에서 '쉼'이 되는 하루

사랑이라는 말

계절 따라 흐르는
농부의 시간처럼
긴 잠을 자듯 한 해를 보내는
한가로운 겨울날

갑자기 밀고 들어오는
사랑이라는 말

한줄기 빛으로 다가오는
사랑이라는 말

일곱 빛깔 무지개처럼
짙은 어둠 속에서도

보이지 않고 잡히지 않는
영원한 빛

바로 오늘

무심히 들려오는 아침의 노래

감사와 고요를 가득 품고
가슴 저리게 다가오는
구노(gounod)의 아베 마리아(ave maria)

불현듯

해마다 이맘때면 젊음을 달구던
온 나라를 휘돌던
그 많은 캐롤은 다 어디에

오며 가며 흥얼거리다
어느새 익숙해지던
휘덮인 거리의 올드 팝들은
또

커피 한 잔으로 메운 공간
몇 시간씩 어우러지던 대화도
감상실의 30와트 붉빛도
때론 아름답게 떠오르는 흑백 추억

바로 오늘

노을의 향기

장마도 더위도
눈이 시릴 듯한 태양도
떠나간 자리

텅 빈 마음 채우듯
늦어진 여름 해 엷어지며
파고드는 노을

투명했던 햇살도
출렁이는 물결도
그저 다 그리움

그래도 남아 있는 이 계절의 끝자락
긴 세월 가꾸어
아껴 놓은 속 뜰에
피어나는 노을의 향기

그대로 머무네

구름 한 점 없는 푸른 하늘 가
떠가는 흰 돛단배 지평선을 향하고

해안가 언덕 위 붉은 기와 지붕엔
사랑 노래 부르는 종달새 소리

눈이 부시도록 푸르른 한낮은
어둠의 그 밤이 내어준 자리였나

시작도 끝도 없는 시간의 흐름에
풀 향기 은은한 그 그늘이
그리워 그리워

어머니의 명심보감

어머니 방 경대 위 왼쪽
변함없는 그 자리
수십 년 닳고 닳은 책갈피

냉철한 이성으로
비워지는 마음 밭
마치 교본을 지니듯
보물처럼 간직한 명심보감

수많은 식솔 거느린 채
긴 한숨에 뒤엉키곤 하던
하루하루 조용할 날 없던 일상

그 밭
거칠고 힘겨운 삶의 사슬

경대 위 존재만으로도
엄격한 어머니의
삶의 기둥

아마도

낙원으로 향하는 길이
바로 이 길이라면

맑은 이슬에 젖어
호흡이 멈출 것만 같은
산새들 노니는 이 아침을
누가 거부하랴

엊저녁 마신 와인 한 잔에
발걸음은 자꾸만 뒤로 빠지는데
산자락 휘어진 능선에 와
마주 보는 붉은 해

발효된 콩의 끈끈한 줄처럼
엉키고 엉켜진 인연으로
다시 또
시작되는 하루

비어있어 아름다운

오늘은 어느 길을 택할까
시작도 끝도 없는 흐름

호수에 비친 가을의 끝자락은
왜 자꾸만 나를 끌어들일까

푸른 창공 저편엔
융단처럼 펼쳐진 눈부신 새털구름

아. 구름을 사이에 둔 조화
오묘한 거리

빈 나무 작은 가지마저도
비어있어 더욱 아름다운

그대에게

어스름한 가로등
그 불빛에 밀린 잠도 미룬 채
편지를 쓰곤 했던
밤이 있는 그대

열아홉 살 신입생
피하고만 싶었던 그 눈빛
노처녀 사감 선생님

문 잠기는 저녁 아홉시
데이트 즐기다 늦어버린 친구
출입문 옆 독방에
홀로 갇히던 때

소등시간 밤 10시
창가에 다가온 보름달
그 달빛 받으며 또
밤이 떠난 그대에게

그 밤

늘
일탈을 꿈꾸던 신입생들
푸른 불꽃 내뿜는 알코올버너
라면 냄새에
폭발해버린 사감 선생님

아. 되돌려 보고픈 흑백필름

눈길을 거닐며

아직도 불어오는
겨울바람이지만
기도하는 마음은 새봄

출렁이는 마음
저 아래 호숫가
홀로 남겨 둔 채

시끌쩍한 철새들과
외길 따라 나누는 대화
외롭지 않네

마음 밭 새싹은 다시
터 오르고

수북한 눈길
밝은 빛 맑은 바람 친구가 되어
가득한 봄 향기로
따사로워지네

아이야

아이야. 알고 있니
여름이 가는 소리를
길었던 올 장마가
훌쩍 떠나간 후

돌아보니 어느새
가을은 다시 오고

아이야. 듣고 있니
귀뚜라미 우는소리
살며시 스쳐오는 시원한 바람에
삶에 지친 네 모습 뒤로

작은 미소 어리는
이 가을의 소리를

바람이 데려다주는 곳
- 6월의 산하

수많은 사연 보듬어 안은 채
모진 풍파도
아픈 시절도 다 견뎌낸
수북한 낙엽 길

푸르른 날 산기슭엔
다시 온 새소리
숲도 하늘도 같은 빛깔처럼
짙어져 가는 신록의 그림자

돌아서버린 봄도
풀잎 끝으로 오던 바람도
잡지 못한 채
여름이 또 오고야 마는

바람이 데려다주는 곳
6월의 산하

그려 볼 수 있다면

짝 잃은 청둥오리
애처로운 울부짖음
물빛 속을 방황하다
갯바위 귀퉁이 주저앉고 마네

내가 만일 화가라면
봄 햇살 듬뿍 안고
지친 날개 쉬어가는
한 폭의 그림으로 표현할 텐데

파드득
삶에 지친
힘겨운 소리
사랑에 눈먼 몸부림일까

먼 길
늘 그래왔듯이
봄 햇살 듬뿍 안고
추스른 날개 펴 힘차게 떠나네

가 보고 싶다

첫눈 내리기 전에 가 보고 싶다
갈대숲 우거진 곳
사람이 많지 않은 곳
혼자 가도 좋은 곳

가느다란 나무 끝 위태롭게
매달린 감
마저 떨어지기 전에 그곳에도 가고 싶다
까치가 반해 버린
신비로운 그 빛깔

그 섬에도 가고 싶다
겨울 철새 오기 전에

혼자 걸어도 행복한 곳
그곳으로 가고 싶다

아름다운 남한강

혹한을 버텨낸 가지들이
자신들의 향기를
뿜어내기 시작한 지
어언 서너 달

우수수 툭 툭 떨어지는 꽃잎
그리움이 짙고 짙어
남한강 굽이굽이
물길을 만들었나

멀리 오수를 즐기는 연인들
너머엔
봄 햇살에 온몸을 내맡긴 채
조약돌 줍는 여인

점점 더 선명해지는
봄 그림자 위에
햇살 가득 꽂혀가는
아름다운 남한강

그 자리에

긴 그림자 드리운 커튼

열린 창틈으로
잠든 아침을 깨우는
잎새 바람

금세 또 사라지게 될
가을 향기

햇빛 밝은 창 아래
커튼 그림자 속 선홍빛 제라늄

계절의 사색으로
적셔지는 작은 가슴

뒤숭숭한 이 마음
바람으로 남겨질까

마음 깊은 곳, 그 자리에

해지는 들녘에서

짙게 드리워진 안개에
아쉽게도 자취를 감추어 버린
금빛 들녘

아스라이 저 산 너머
찾아오는 노을

한나절 땡 볕에 바쁜 일손 농부가
깊은숨 몰아쉬며
돌아서 갈 때
속절없이 몰려들던 참새 떼들

어디선가 아빠 부르는
아가들의 외침
노을 따라 멀리멀리 퍼져 나가고

아빠를 따라가는
무거운 가을 햇살

여름의 길목에서

연두의 향연일까
여름의 길목에 서면
빼곡히 채워진 푸르름
파득이는 새들의 몸짓

노을마저 푸르게 하는
저녁나절 화음 위로
드리워지는 깊은 그림자

아. 밖으로 도는 강줄기는
그리움을 탄 채 흐른다지만
안으로 도는 강줄기는
외로움을 타는 게 아닐까

소나기 쓸고 간 빈자리
하얗게 변해버린
붉은 노을
흰 그림자 되어

그 길목에 걸어 둔
마음 한 덩어리
흐르는 강 따라 통째로
사그라질

소나기 손짓하는
여름이여

하늘 밑 새벽 길

숲을 가리던 안개 걷히고
연초록 풀잎세상
맑은 하늘 비치는
새벽길 이슬방울

밤하늘을 수놓던 별무리들은
이슬에 스미고
온 동네 밝혀주던 봄꽃들은
초여름 햇살에 시들고

물안개 피어오르는 숲 언저리마다
사이사이 파고드는 철새
기억의 그림자 다시 떠 오는
새벽길 하늘 밑

알고 있을까

흠뻑 젖은 붉은 낙엽
그들은 눈부시던 날들을
기억할까

새싹 돋아나던 화사한 봄날에
이런 날이 온다는 걸 알았을까
무작정 뒹구는 낙엽이
된다는 것을

햇볕이 반짝이던 그날에도
알고 있었을까
이렇게 나부끼는 날이
온다는 것을

익숙한 향으로 스미는 낙엽 냄새
묵은 옷 벗어던지고
훨훨 날아가는

소나기가 그친 다음

비에 씻긴 하늘이 저토록
푸르렀던 건
언제였을까

봄날의 아지랑이였으면
산중턱에 내려앉은 안개였으면

그런 하늘도 잠시
칙칙한 미세먼지에
눈앞은 뿌연 해지고

우리가 보아왔던 그 무지개는
어디로 갔을까
가지 끝에 매달려있던 아지랑이는
또
어디로 갔을까

햇살이 비켜간 봄날 오후
숲을 스치는 소나기가
그친 다음

설레임

같은 길을 간다 해도
요동치는 설레임

듬성듬성 마주 오는 사람들
곁을 스치는 작은 바람

흔들리는 그네 벤치에 앉아
낭송해 보는 시 한 편

금세 사라져버릴지라도
어디서부터 인지 날아와
속삭이는 물소리

그리움을 건너고 그리움을
삼키는
설레임은
고단해질 삶을 내려놓으며
구멍 뚫린 마음도 메워주는

머무는 향기

새봄이 오기 전에 펑펑
날려보겠다는 듯
깜짝 놀라게 해주겠다는 듯
흰 눈꽃 송이 날아와 열리는 아침

척박한 섬에 뿌려지는
뿌듯한 환희와 기쁨

눈구름 사이로 반짝이는
햇살 따라
바람결에 실어 오는
대답 없는 메아리

꽃의 왈츠로 맞이하는
쉼 없이 날아온 눈꽃 송이
조용한 작은 눈길에
머무는 향기

다시 온 봄

봄비 속을 걷는다.
샤워한 듯 정결한 가로수

젖은 꽃 이파리
살갗에 와닿는 포근함

다시 온 봄은
겨울을 기억할까

살며시 우산 접고
꽃비 속을 걸어보며
온몸에 전해지는 전율
그윽한 그 향기

가을의 남산

시야에 가득 산을 담고
오르는 오솔길 따라
남산 타워 바라보며
걸어보는 성곽 길

봄이면 벚꽃 진달래
여름 되어 우거진 숲 그늘
흰 눈처럼 덮이는
이 계절의 구절초

햇살처럼 밝은 미소 환히 띠우며
서로를 바라보는 얼굴에
담겨있는 가을

풍요롭게 익어가는 이 가을에
친구야

외로운 별 하나

그날
별 무리는 어디서 왔나요
그리고
별은 또 누굴 닮았을까요

머릿속에 담아 둔 별들은
그대로인데
은빛 물결 아직도 반짝이는데
어두운 밤 밝힐 밝은 별빛 안 보이네요

여기저기 흩어져 시가 된 그리움
멀고 먼 직녀의 길에
맑은 영혼 만나게 되면
어둡던 밤하늘 밝아질까요

먹구름 스쳐 지나간 작은 가슴
애써 다시 열어보면
억 만개의 별들 속에
외로운 별 하나

소중한 당신

어두운 밤 샛별 되어
향기롭게 다가오는
깊어가는 가을 속

잠든 호수가 내려다보이는
맑은 하늘가에 서면

파스텔 조명 빛 다리 건너
긴 운하 지나
경계를 허물며 다가온
숨결

천지사방이 캄캄한 밤
내딛는 걸음걸음
새로운 날의 시간 속에
경이로운 세상을

참, 가슴 저리도록
소중한 당신

빛

겨울 가뭄에 바짝 마른 도랑을 지나
빛으로 다가가는 길

가슴속 깊이 담아둔 빛이 아니어도
아름다운 별빛이 아니어도
애수 띤 바이올린 소리

어렴풋한 봄 길은
화폭을 펼치듯 떠오르는데
소리는 또 다른 속삭임

영원한 사랑을 노래하는
구원의 여인
솔베이지(solveige)의 기다림도
바이올린 선율처럼
흔들리며 다가오는 빛이었을까

겨울 새

저 아래 골짜기에
나래 접은 겨울 새
외로이 떨고 있네

차가운 하늘 아래
희뿌연 안개

벌거벗은 나뭇가지
사이사이에
엄마 찾는 아기 새
움츠려 떨고 있네

내 이름은 누나

누나라는 말 한마디에 사랑이 샘솟고
누나라는 말 한마디에 그리움이 샘솟는

동생이란 뭘까
돌아서면 그립고
돌아서면 생각나고
돌아서면 사랑하고픈

생명은
살아서 이어주는 끈

파릇파릇 이른 봄의 새싹처럼
침묵하던 나무에 터 오르는 움처럼
사랑과 그리움은 잔잔한 달빛 되어
어둠을 밝히는 빛

누나라는 이름으로
맘껏 사랑하고
누나라는 이름으로
맘껏 그리워하는

내 이름은 누나

이 순간

입에 가득 물을 머금은 채
오리 떼 나는
물가에 서면
쉴 곳 찾아 떠나려 하는
따스한 햇살과 바람

하얀 구름 흐르는 맑은 하늘
고요한 호수 속에 잦아드는 날
눈이 부셔 피하려다 마주친
빛

검푸른 숲 적막을 헤치며 날아든
가을 향기에
햇살과 함께 감싸주는 포근한 숨결
지금 이 순간

고해성사 하던 날

내가 지은 죄는 무엇일까

용기 내어
고해소 앞 다가서면
신부님 모습 안 보여도
왠지 두근거리는 가슴

지난날들 떠올려
짜내고 짜내어 정리해보며

〈죄를 짓지 않습니다
죄지을 줄 모릅니다
하지만
제가 알아내지 못한 모든 잘못을 고백합니다〉

가슴 쓸어내리며
끝마친 고해 성사

내가 고백한 건 무엇이었을까

성당 문을 나서며
돌아보는 내 모습

이리도 감사할까

풀피리 소리
숲 가득 울려 퍼지면
언덕위에 피어나는
그리움

서산머리 짙어오는
산그늘 아래
물안개 드리운 이팝나무 터널

세찬 바람도 재워버린 숲엔
화려함도 마다한 채
수줍게 피어난 들꽃 무리

그 맑은 자태에
풀 향기 행복한 그 길이
이리도 감사할까

시인의 마음 되어

저녁 달

신비스런 물 너머
향긋한 꽃 섬 너머
기억의 저편을 추억이라 하면
추억의 저편은 무어라 할까

어둠 뚫고 저 언덕 위
마주 오는 바람 귀 기울여
행복한 들 지나면

추억의 저편
명희, 영희 손잡고
달마중 가면

별 무리 사이사이
아득한 꿈
무지개 길 걸어볼까
시인의 마음 되어

그네가 있는 곳

언덕 위
오랫동안 잊고 있었던
유년의 뜨락에 와
타보는 그네

찬란한 아침을 맞이하며
시야에 들어오는 숲
하늘 향해 흔들어 대는
짙푸른 소나무 여린 잎

아무도 앉는 이 없어
비어있는 날은
나를 기다려주는 듯
한없이 고마운 날

쉼 없이 무지갯빛 따라가듯
그네를 향해 오르는
아늑한 유년의 꿈

가을은

가슴에 담을 하늘이 있어 좋은
가을은
지쳐가는 푸르름도
그리움

얼굴을 들어 하늘을 보면
흑백 필름의 추억

자작나무 이파리 위에도
외나무다리 그림자 위에도
다시 또 꿈을 싣는
가을은

그리움이 밀려들 적이면
열린 구름 창으로도 비쳐오는
눈동자

허공마저도 아름다운
가을은

악보 & 가사

나지막한 소리로

고영복 시
이안삼 곡

나지막한 소리로

나지막한 소리로 소슬 비가 내리 네
하얀 목련 피어난 고즈넉한 길가에도

나지막한 소리로 소슬 비가 내리 네
하연 목련 피어난 고즈넉한 길가에도

새 희망 가득한 우리들의 사랑을
푸른 하늘 저편에 더 높이 띄울까

달래 냉이 돋아나는 동녘에 서서
나지막한 소리로 노래 부르리라

진달래 피어나는 산허리에 서서
우리들의 사랑을 노래 부르리라.

시절잃은 세월에

고영복 시
이안삼 곡

시절잃은 세월에

시절 잃은 세월에

시절 잃은 세월에 비켜간 시간들
돌아보면 아득한 서신 지는 노을인데

우리들의 사랑은 촛불처럼 타올라
저 높은 산등선 보이는 오르막길 이런가

긴 여정 인생길에 오롯이 피어나
가도 가도 끝없는 무지개빛이어라

아. 오늘도 그날처럼 그리움을 가득안고
아름답고 순결하게 피어나리라

아. 오늘도 그날처럼 그리움을 가득안고
아름답고 순결하게 피어나리라

Score

성황산에 올라

고 영복 작시
신 귀복 작곡

Andante

1. 돌아온 소 — 쩍 — 새 앞 — 숲 — —
2. 솔바람 마주 한 — 채 두 손에 — 가

성황산에 올라

돌아온 소쩍새 앞 그늘에 나래 펼 때
행여 손끝 둥근 달에 닿을까
한 뼘 한 뼘 오르네 성황산 봉우리

산 벚꽃 꽃잎들이 흩날리던 냇가에도
멀리서 다가오는 때 이른 봄
거울처럼 맑은 냇물에 내 모습 비추이고

솔바람 마주한 채 두 손엔 가득 하얀 조약돌
앞 숲 가득한 소쩍새 소리
아름다운 산하 영원한 고향이여

산 벚꽃 꽃잎들이 흩날리던 냇가에도
멀리서 다가오는 때 이른 봄
아름다운 산하 영원한 고향이여
영원한 고향이여

백아산

산뜻한 향내 따라
찾아온 백아산에
뭉쳐진 햇살 너머
파란 하늘 숨을 쉰다

갈대밭 사이사이
숨어있는 진달래꽃
오월이 오기만을
기다리는가

아! 백아산 정상에
두 얼굴 마주한 채
봄바람 뒤로하고
파란 하늘 바라본다

논산훈련소

고영복 작시
성용원 작곡

SW아트컴퍼니

논산훈련소

논산 훈련소

함박 눈 흩날리던
어느 겨울날
갑자기 커 보이는
아들의 얼굴

까까머리 군인 머리
손 흔들며 돌아서는
아들의 뒷모습

따스한 봄기운 언제 오려 나
내일은 오늘 보다
따뜻해질까

남극보다 더 멀고
북극보다 더 훨씬 먼
아득한 나라 먼 나라
논산 훈련소

그 때 그 대 로

고 영 복 작시
성 용 원 작곡

SW아트컴퍼니

그때 그대로

밤은 없었다 밤은 없었다
아직도 다정한 네 미소 위로
어두움 내려앉은 밤은 없었다

밤을 잊었다 밤을 잊었다
아직도 따스한 네 마음 뒤로
잔잔한 강물처럼 밤을 잊었다

빛바랜 세월 뒤 편
너와 나 다른 모습
하지만

내 마음의 강물은 내 마음의 강물은
그때 그대로 그때 그대로

시인의 마음되어

작사 고영복
작곡 성용원

시인의 마음 되어

저녁 달

신비스런 물 너머
향긋한 꽃 섬 너머
기억의 저편을 추억이라 하면
추억의 저편은 무어라 할까

어둠 뚫고 저 언덕 위
마주 오는 바람 귀 기울여
행복한 들 지나면

추억의 저편
명희, 영희 손잡고
달마중 가면

별 무리 사이사이
아득한 꿈
무지개 길 걸어볼까
시인의 마음 되어

광교 호수

광교 호수

광교 호수

광교 호수

광교 호수

광교산 맑은 계곡
가느다란 물줄기 따라 가노라면
호숫가 오솔길엔 수북한 낙엽

마른 가지 사이
만추를 알리는 철새들의 화음
아름다운 광교호수에 물들고 싶어라

청명하던 하늘도
검푸르던 녹음도
숲 사이사이 내리쬐던 햇빛도
기억의 저편으로 멀어져 가고

호숫가 벤치에 햇살을 모아
잔잔한 화음으로 노래하리라
만추의 광교를 노래하리라

알고 있을까

알고 있을까

흠뻑 젖은 붉은 낙엽
그들은 눈부시던 날들을
기억할까

새싹 돋아나던 화사한 봄날에
이런 날이 온다는 걸 알았을까
무작정 뒹구는 낙엽이
된다는 것을

햇볕이 반짝이던 그날에도
알고 있었을까
이렇게 나부끼는 날이
온다는 것을

익숙한 향으로 스미는 낙엽 냄새
묵은 옷 벗어던지고
훨훨 날아가는

가을은

가슴에 담을 하늘이 있어 좋은
가을은

지쳐가는 푸르름도
그리움

얼굴을 들어 하늘을 보면
흑백 필름의 추억

자작나무 이파리 위에도
외나무다리 그림자 위에도
다시 또 꿈을 싣는
가을은

그리움이 밀려들 적이면
열린 구름 창으로도 비쳐오는
눈동자

허공마저도 아름다운
가을은

아리랑 연가

고영복 시
나실인 작곡

45
49
랑 아 라 리 요 ― 낙 ― 엽 이 떨 어 지 고
mp
51
눈 이 내 려 도 나 가 리 라 그 대 있 는 곳 으
56
로 물 결 따 라 바 람 따 라 훨 ― 훨 ― ―
61
65
날 아 가 리 라 ― 아 리 랑 ― 아 리
mf

아리랑 연가

아리랑 연가

하얀 파도 밀려드는 그날이 오면
나 가 리라. 그대 있는 곳으로
파도위에 올라 앉아
둥둥 떠 가 리라

아리랑 아리랑 아- 아라리요
아리랑 이- 아리랑 아라리요

낙엽이 떨어지고 눈이 내려도
나 가 리라 그대 있는 곳으로
물결 따라 바람 따라
훨훨 날아가리라

아리랑 아리랑 아- 아라리요
아리랑 아- 아리랑 아라리요

구부러진 길 모퉁이 우거진 숲 헤치고
나 가 리라 그대 있는 곳으로
떠나간 배 돌아오면
마중 나가 맞이하리

아리랑 아리랑 아- 아라리요
아리랑 아- 아리랑 아라리요
아리랑 아- 아리랑 아라리요

아리랑 연가

고영복 작시
조주아 작곡

박동규 시평

햇볕이 내려앉은
눈부신 단색의 설원(雪原)

시 평

햇볕이 내려앉은
눈부신 단색의 설원(雪原)

박동규 (문학평론가, 서울대 명예교수)

고영복 시인은 맑고 밝은 성격을 지녔다. 몇 년을 보아오지만 그의 얼굴에 찡그린 표정을 볼 수 없었다. 특히 웃음이 가득하다. 춘색 시처럼 덜 피어난 꽃송이가 살포시 부끄럽게 미소를 띠는 것이 아니다. 마치 웃지 않고는 살 수 없다는 듯이 솔직하고 진실하게 웃음을 쏟아내는 것이 고 시인이다. 이 웃음의 이야기를 하는 것은 그가 보내온 첫 시집의 시편들을 읽어보면서 이 웃음은 고통, 좌절, 굴곡, 시련 등 세상살이의 어두운 세계를 잊은 이가 가질 수 있는 밝은 소리이다. 그러기에 그는 밝음이 가득한 세상을 보여주고 있다. 언젠가 그가 '어릴 때부터 너무 잘 웃어왔다'는 말이 생각났다. 그리고 옆의 친구들이 '울려볼 수 없을까'하고 짓궂게 골려보기도 했다는 말도 들었다. 이 밝은 성격은 사물의 어두움보다는 밝은 면이 그가 바라보는 세계가 된 것이다. 그리고 그의 시는 음악성(音樂性)을 지니고 있다. 그가 가곡의 가사를 작사하다가 시의 길로 옮겨 온 것이라 생각한다. 이 음악성이 바로 밝음의 소리로 전환되어 고영복 시인만이 시에 담고자 하는 것이 무엇인가를 살펴보는 눈으로 그의 시에 접근하고자 한다.

1. 겨울에서 봄을 향하는 꿈의 소리들

고영복 시인의 시편들은 서정적 가곡처럼 소리가 주는 감성의 울림이 퍼져 있는 것을 볼 수 있다. 이 서정적 소리는 시가 노래(lyric)에서 유래한다는 발생론적 관점을 가지지 않더라도 시어의 선택에 있어서 내포적 세계에서 느낄 수 있다. 예를 들어 모음으로 이루는 맑은 화음처럼 시에 이런 음향적 효과를 담을 수 있는 것이다. 그래서 고 시인은 가곡의 가사 속에서 음과 언어의 교합을 통한 그만의 시작을 실험해보고 있다고 여겨진다. 이러한 그의 시 형식에서 강하게 드러나는 것은 겨울에서 봄으로 이행하는 과정에 담긴 생동의 미세한 움직임을 시의 소리로 감추고 있다. 이는 막막하고 어두운 겨울의 동토(凍土)에 던져져 살아간다는 현실에서 언젠가 다가올 봄의 도래(到來)를 기다린다. 얼어붙은 개울가에 앉아 있으면 얇은 얼음 밑에서 흐르는 물이 돌과 부딪치며 내는 졸졸 소리가 난다. 이 소리가 가져오는 것은 봄이 다가온다는 예감이 된다. 이와 같이 졸졸 얼음 밑으로 흐르는 봄의 예감을 껴안고 살 듯 비록 미약하나 놓칠 수 없는 희망을 붙잡고 있는 듯한 꿈을 보여준다. 이는 시인이 시를 통해서 보여주고자 하는 것이 무엇인가를 알려주는 단서가 된다. 다음의 시를 보자.

함박 눈 흩날리던
어느 겨울날
갑자기 커 보이는
아들의 얼굴

까까머리 군인 머리
손 흔들며 돌아서는
아들의 뒷모습

따스한 봄기운 언제 오려 나
내일은 오늘 보다
따뜻해질까

남극보다 더 멀고
북극보다 더 훨씬 먼
아득한 나라 먼 나라
논산 훈련소

- 논산 훈련소(전문) -

이 시는 이미 가곡의 가사로 창작되어 있다. 아들을 군에 보내는 엄마의 마음을 담고 있다. 논산 훈련소에서 머리를 깎고 영문으로 돌아서 들어가며 손을 흔드는 아들의 뒷모습을 보며 엄마는 '따스한 봄기운 언제 오려 나'로 심정을 토로한다. 시인은 아들과 작별에서 아들이 가는 곳을 '남극보다 더 멀고/ 북극보다 더 훨씬 먼/ 아득한 나라 먼 나라'로 되어 있다. 이는 엄마의 심정적 거리감이다. 현실이 아니라 마음에 느껴지는 아들과의 거리이다. 저편 아들이 가는 곳을 아득한 북극보다 더 먼 곳으로 느끼는 것은 바로 사철 얼음이 얼어있는 겨울의 이미지다. 이 겨울은 바로 현실이다. 그리고 이 현실에서는 작별의 서러움도 '함박 눈 흩날리던/ 어느 겨울 날'의 한 컷일 뿐이다. 그리고 시인은 희망의 옥토(沃土)가 있는 봄을 기다린다. '내일은 오늘 보다/ 따뜻해질까'로 드러나는 따뜻한 삶의 궁극적 평화로운 세계를 그리는 것이다. 평범한 엄마의 마음을 이미지화하기 위해서 시인은 그만의 독특한 겨울과 봄이 가진 속성을 대비하고 있다. 시인의 다음 시를 보자.

한 점 구름 없는
한적한 날
살며시
살며시 숲길을 가면

맑은 햇살 비켜간 오솔길엔
계절 따라 다시 온
겨울 철새 나래 펴고
아득한 산 까치도
나래를 펴 네

아. 어느새 와 있는
자연의 숨결

벌거벗은 나무
머잖아 움 터 오를
봄의 전령

아슬한 속삭임은
살갗에 와 닿을 이파리의 간지러움

설레임 가득한
겨울 숲에 서서

- 겨울 숲에 서서(전문) -

이 시는 숲에 가까이 다가오는 봄을 그리고 있다. 겨울 철새들이 나래를 펴고 아득한 산 까치도 숲에 묻혀 있다. 시인에게는 겨울 숲의 잔영(殘映)이 남아 있다. 그러나 시인의 시선은 '머잖아 움 터 오를', '이파리의 간지러움'을 기대하고 있다. 이 기다림은 '아슬한 속삭임'으로 소리를 예감할 수 있게 한다. 이 단순한 겨울 숲에서의 봄에 대한 기대는 오히려 봄의 전령을 기다리는 구조로 엮어져 있다. 시인은 겨울 숲을 걷는 화자를 그려낸다. 구름 한 점 없는 한적한 날의 하늘은 겨울의 맑은 찬 세상이다. 그러나 오솔길에는 이미 철새가 자리 잡고 산 까치가 와 있다. 그 숲에 벌거벗은 나무는 이미 추위를 잊은 채 살갗에 와 닿을 간지러움을 예감한다. 이 예감이 설레임으로 자리 잡은 것은 시인이 지닌 정서적 감각의 시적 표현이다. 이러한 시인의 감각은 자연과 인간의 대면에서 보는 것과 이를 상상하는 사이에 그만이 지닌 꿈의 그림을 그려 넣는다. 이것은 아마 그가 현실의 모든 무겁고 힘든 삶의 질곡을 벗어나고 싶어 하는 마음이 담겨 있다고 보여 진다.

2. 순수한 감성의 원형과 서정적 자아의 발현(發顯)

고 시인의 시에 드물게 어린 날의 추억을 소재로 담은 시를 볼 수 있다. 그런데 이 어린 날의 기억은 좀 색다르다. 어떠한 사연으로 바탕이 된 것이 아니라 그가 현재의 자리에서 남아 있는 마음의 응어리를 중심으로 시가 짜여 있다는 점이다. 이는 어린 날의 기억에서 무엇인가 그가 겪었던 체험들이 감정의 끈에 엉켜진 상처나 아쉬움 혹은 좌절과 같은 생활에서 입게 되는 아픈 기억이 아니라 그가 좋았던 순간들이나 그가 아름다운 풍경을 잊을 수 없었던 것처럼 그런 마음을 환하게 하는 등불 같은 한 단면을 시에 도입하고 있다. 이는 그만의 개성적인 시작(詩作)의 방법으로 특이하다고 할 것이다.

똑똑똑
언제 신호가 들려올까
이번엔
단 한 번에 끝내야지
드디어
쇠붙이 두드리는 소리
담뱃불 붙이라는 할머니의 신호

화들짝 다가가 긋는 성냥불
긴 호흡으로 빨아올리는 불
달아오른 신홍빛 불꽃에 환호
단 한 번에

왠지
익숙하게 다가오는 향기

마치 대단한 일을 해낸 듯
아주 잘했다는 칭찬 한마디에
똑똑똑
행복해지는 하루

- 할머니의 담뱃대(전문) -

할머니는 긴 담뱃대 끝에 담배를 넣고 꾹꾹 눌러서 피우곤 했다. 담뱃대 끝에 담배를 담는 놋쇠가 달려 있었다. 할머니 옆방에 자던 어린 손녀는 할머니가 이 담뱃대 쇠붙이를 목침이나 바닥에 두드리면 손녀는 화들짝 일어나 방문을 열고 들어갔다. 이 소리는 할머니가 손녀에게 담뱃대에 불을 붙이라는 신호였다. 손녀는 달려가 성냥을 그어 선홍빛 불꽃을 단 한 번에 담뱃대 끝에 붙이고 할머니가 길게 빨아들이면 담뱃불이 붙어 연기를 품어내게 될 때 할머니가 '아주 잘했다'고 한마디 하면 하루가 행복해지던 순간을 회상하고 있다. 이 시는 어린 날의 행복을 그려낸다. 즉 '내가 무엇을 할머니에게 할 수 있었던' 순간과 그리고 '잘했다는 칭찬 한마디'를 들을 수 있었던 순간의 교차가 행복이라고 느꼈던 것이다. 마치 성장소설에 나오는 주인공이 한 목표를 다다르고 이를 이루어낸 성취를 성장이라고 하듯이 시인은 칭찬 한마디에서 어린 소녀의 새로운 성장이 빛나는 영상을 찾아낸 것이다. 단순히 할머니에 대한 추억이 아니라 소녀와 할머니의 순간적 접합관계에서 형성된 행복이 느껴진 순간들을 시인은 주목한 것이다. 이러한 시각은 바로 시인이 얼마나 긍정적이고 사소한 순간까지 포용하여 인간의 본질에 접근하려는 의도가 잘 보여지는 것이다.

어린 시누이를 깍듯이
대접하는 말
"작은 아씨!"

작은 아씨 한마디에
마음이 부풀고
작은 아씨 한마디에
행복한 꿈을 꾸는

엄마처럼 나이 많은
종갓집 새언니
층층시하 어른들 받들며
쉴 틈 없는 하루하루

달빛 그늘처럼 어느 날
마루 끝에 다가와
나지막이 부를 적이면
"네"
반가이 맞는다.

대접받는 말
꿈꾸게 하는 말
들을수록 행복해지는 말

새언니가 오는 날엔
내 마음은 어느덧
부푸는 "작은 아씨!"

  - 작은 아씨(전문) -

 이 시는 대가족 안에서 종갓집 새언니와 어린 시누이 사이에서 새언니가 부른 '작은 아씨'라는 호칭에 대한 기억을 형상화하고 있다. 어린 시누이를 엄마처럼 나이 많은 새언니가 그를 향해 부르는 '작은 아씨'는 성숙한 여성으로 가고자 하는 무지갯빛 미래를 살짝 일러주는 신호처럼 느껴졌던 것이다. 갑자기 '나'라는 존재가 지금의 내가 아닌 미래적 환상으로 이끄는 '작은 아씨'는 그가 꿈꾸는 미지의 여성으로 피어나고, 어쩌다 작은 아씨라고 부르는 소리를 듣는 순간 황홀한 꿈의 요람에 던져지고 있는 변신된 느낌을 받는 것이다. 그리고 달빛이 그늘처럼 내려앉는 밤 마루에 앉아 있는 어린 소녀에게 '작은 아씨'라고 부르는 말은 어린 소녀에게는 대가족 안에서의 자아존재를 인정받고 있다는 만족감도 맛본다. 이는 그가 꿈꾸는 장래에 대한 환상이 피어나게 하고, 이 아씨의 꿈은 행복이라는 단순한 기쁨으로 번지게 하는 것이다. 이 시에서 주목해볼 점은 자아를 인정해 주는 이의 영접이다. 시에서 진리나 진실성을 보여주어 감동을 일으키는 것과 달리 단순한 호칭 하나로 파장을 일으켜 내가 어떤 존재인가를 알게 한다. 또한 자아의 심장에 담겨진 꿈의 그림을 떠올리게 하여 감성의 파동을 통해 멋진 인생의 미래를 가슴 가득 느끼게 하는 감정적 전달로 인한 파장도 중요한 시적 효용을 지니고 있는 것이다. 이런 면에서 시인은 정말 조그마한 손수건에 새겨진 이니셜 하나로 눈물짓거나 그리워하는 것과 같은 환한 기쁨을 퍼 올리는 것이다.

고영복 시인은 양지에 피어난 꽃들처럼 피우기 위해 고생하는 모습이 아니라 활짝 핀 행복을 마음에 품고 있는 것으로 보인다. 흔히 서정적 자아와 자연과의 결합에서 서정적 자아의 감성적 정서가 고립되고, 어둡고 허물어져 가는 것에 대한 회의 등이 주는 회색빛 어둠의 감성이 아니라 양지바른 자리에 피어난 꽃송이가 지닌 달성된 행복이 주는 긍정의 정서가 중심이 된 것은 참으로 특이하다고 할 것이다.

3. 노래의 가락에 얹힌 마음의 사연과 부르지 않을 수 없었던 마음의 소리

마음에 감추고 살아가야 하는 일들도 참으로 많다. 그렇다고 그 사연이 사라지는 것이 아니다. 보이지 않는 마음에 숨어 있어서 마치 먼지처럼 떠돌고 있을 뿐이다. 그러나 이 먼지는 슬프거나 기쁘거나 정서적 상황에 따라 마치 스멀거리며 다가서는 안개처럼 마음의 색깔을 바꾸어 놓게 한다. 고 시인에게 있어서 항상 양지(陽地)의 환한 꽃의 마음 안에서 어둡고 음습한 굴곡의 인자들은 절제(節制)의 윤리적 사회적 그물로 걸러내어야 하는 것이다. 바로 이 그물이 고 시인에게는 '가락'이 있는 노래로 자리 잡은 것이 아닌가 한다. 즉 노래(lied)로 마음의 사연을 호소하던 것처럼 그에게는 노래의 가사가 그를 사로잡았으리라 생각한다. '시절 잃은 세월에' 제목의 노래는 많은 이의 환호를 받고 있어서 고영복 시인의 가사가 한층 돋보이는 점이 특징이다.

    시절 잃은 세월에 비켜간 시간들
    돌아보면 아득한 서산 지는 노을인데

    우리들의 사랑은 촛불처럼 타올라
    저 높은 산등선 보이는 오르막길 이련가

    긴 여정 인생길에 오롯이 피어나
    가도 가도 끝없는 무지갯빛이어라

    아, 오늘도 그날처럼 그리움을 가득 안고
    아름답고 순결하게 피어나리라

        - 시절 잃은 세월에(전문) -

이 시는 사랑을 테마로 하고 있다. '오늘도 그날처럼'이 보여주는 시제(時制)는 그리움의 회상적 굴절로 미래적인 '아름답고 순결'한 사랑으로 피기를 기원한다. 노래를 듣는 이에게 지나온 세월 저편 아득하게 가버린 사랑의 갯더미에는 순결한 사랑의 흔적이 남아 있고 이 사랑의 흔적에서 피어나 앞날의 저편에 무지개처럼 순결하고 아름답던 자아의 또 다른 형상이 만들어 지고 이는 고 시인의 가사가 '꿈꾸는 이의 무지개'를 고난 속에서도 찾아내는 능력을 보게 한다. 긴 여정은 분명 끝이 있지만 '가도 가도 끝없는 무지개'야말로 고 시인이 잃지 않으려는 아름다운 생명의 꿈을 지칭하는 것이라고 할 수 있다.

'그때 그대로'를 보자.

밤은 없었어
아직도 다정한 네 미소 위로
어두움 내려앉은
밤은 없었지

밤을 잊었어
아직도 따스한 네 마음 뒤로
잔잔한 강물처럼
밤을 잊었지

빛바랜 세월 뒤 편
너와 나 다른 모습
하지만

내 마음의 강물은
그때 그대로
그때 그대로

- 그때 그대로(전문) -

이 가사는 옛날에 '그와 나' 사이에 아름다운 시절을 회상한 연가 형식의 노래이다. 애절한 서정이 넘쳐흐르는 가사이다. 고 시인은 이 가사의 발상이 초등학교 동창회에 갔다가 너무도 변해버린 친구들을 보면서 세월에 허물어져가는 이들과 자신을 돌아보며, 비록 세상의 풍파가 어떻게 사람을 변화시킨다고 할지라도 마음은 강물처럼 순수하고 깨끗했던 어린 날 그대로 지니고 가자는 뜻이라고 했다. 이 가사에서 눈에 띄는 것은 어린 날 친구와의 만남에서 밤이라는 어둠의 자락이 그들에게는 내려앉지 않고 있다는 시인의 목소리이다. 비록 다른 모습이지만 이 다른 모습 뒤에는 어릴 때 순진하고 깨끗했던 순결한 어린애의 본질이 있음을 말하고 있다. 고 시인의 외침은 역설적으로 어릴 때 모습을 사십 년이라는 세월이 흘러갔어도 변한 모습 뒤에서 찾아낸 것이다. 이 가사는 영원히 간직할 우정을 뛰어넘어 따스한 인간의 인연과 인간다움의 아름다움을 놓치지 않으려는 호소인 것이다.

고 시인에게는 밤이 없다. 사악하고 음습한 캄캄한 어둠의 세계는 그에게는 있지 않다. 아무리 세월이 가도 변하지 않는 순결한 아름다움이 밝은 대양 아래 싱싱하게 살아있기만을 기다리는 것이다.

4. 생명의 아름다운 몸짓과 등불을 들고 서있는 나무

고영복 시인의 시는 노래 가사에 뿌리를 두고 있음은 이미 밝혔다. 그러기에 그의 시에서는 무엇보다도 서정시(lyric)의 영역과 연관되어 있다. 그리고 이 정서는 가락을 뛰어넘어 시로서의 구조를 가져보려는 것이 새로운 시도라고 보여진다.

내가 저 길을 간다면

면회 온 이의 가슴마저 먹먹해지는
장벽 같은 수도원의 철문 너머
긴 세월 함께 해온 아름드리 소나무

눈이 부시도록 화창한 봄날
화려한 파도 손짓하는 여름
붉은 낙엽 져버린 숲
매서운 겨울의 눈 더미마저도
회색빛 수녀복으로 감쌀 수 있을까

차곡차곡 가슴에 담은 희로애락
드높은 하늘 푸른 초원
경이로운 자연의 변화까지도
하얀색 두 건으로 덮을 수 있을까

긴 여정
거칠고 험한 길 돌아보며
검붉은 소나무에 등 기대어 서서
참, 아름다운 세상이라고
모든 것은 은총이라 말하며

나도 저 길을 갈 수 있을까

- 수도자의 길(전문) -

  이 시는 수도원에서의 소회(所懷)를 담고 있다. 굳이 소회라고 한 것은 이 시에서 시인은 수녀복을 입은 수녀와 자신의 삶의 세계와의 대비를 소재로 하고 있기 때문이다. 이 대비는 수녀복을 입은 수녀에 대한 존경과 닿을 수 없는 그들의 신앙을 상정하고 있기 때문이다. 이 시에는 화자인 '나'라는 존재가 현실에 던져져 겪는 수많은 풍파를 극복하는 신념이 어떤 것인가를 묻는 감추어진 물음이 담겨 있다. '화창한 봄날'이 주는 생동의 충일감, '매서운 겨울의 눈 더미'가 주는 절망의 화사함과 같은 것이 주는 감정의 변화를 '회색빛 수녀복'안에 안고 지내는 수녀처럼 살아갈 수 있지 못한 인간임을 고백하고 있다. '긴 여정/ 거칠고 험한 길 돌아보며', '모든 것은 은총'이라고 할 수 있는 깊은 신앙의 굳건한 믿음을 '나'는 이룰 수 없는 길이 아닌가를 회의하고 있다. 고 시인의 새로운 변모는 바로 이 회의를 통해서 보여주는 인생사적 의미의 적층(積層)이다. '수녀복' 속에 감출 수 없는 자연변화에 따른 평범한 인간의 서정적 변화나 '하얀색 두건

속에 담을 수 있는 희로애락의 속세적 인간생활, 모든 현실의 삶을 '은총'으로 덮을 수 있는 신앙 등 수도자의 길에 대한 회의는 오히려 그가 가고 싶어 하는 이상적 삶의 자리라 할 수 있다. 그러나 그는 이를 '저 길을 갈 수 있을까'라는 물음으로 스스로에게 답하고 있다. 이는 서정적 자아와 사물사이에 하나가 되고 싶어도 될 수 없는 사실에 대해 고뇌하고 있음이다. 그의 이 고뇌는 노래 가락에서 풀어낸 서정으로 그려낼 수 없었던 세계가 아닌가 한다. 이에서 보다 심화하여 가락과 이미지가 서로 결합한 가사를 시의 표현기법인 이미지가 주는 수채화의 번짐처럼 감성의 미세한 환상을 가져오게 하고 있다.

누가
꽃보다 아름다운 신록이라 했을까

아침
창가에 날아온
푸르른 산새의 지저귐
풀잎 끝에 맺힌 이슬방울은
여름날의 하늘이라 말할까

마음
가득 그 하늘을 담고
푸르틈에 섯는
맑은 아침의 노래

가슴
미어지듯 휘몰아치는
그리움도
설움도
찬란한 신록 앞에선

그저
바람이어라

- 바람이어라(전문) -

 이 시는 신록의 계절을 노래하고 있다. 이 신록은 '푸르른 산새의 지저귐'에서 '푸르른'이라는 색채적 이미지를 '산새의 지저귐'이라는 청각적 이미지와의 교묘한 결합을 통해 신록이 빚어내는 아름다움을 표현하고 있다. 이와 함께 '그저/ 바람이어라' 그려낸 독백은 신록이 주는 새롭고 풋풋한 생동 앞에 인간이 느끼는 '미어지듯 휘몰아치는/ 그리움'이 한갓 바람일 뿐이라는 의미이다. 나뭇잎이 세상에 처음 얼굴을 내밀 때의 연초록 잎새의 기지개는 마치 청소년기의 꿈처럼 순전(純全) 하기만 하다. 살아가는 동안 등에 짊어진 삶의 무게로 해서 나뭇잎이 피어나는 그 아름다운 순간을 내 생애에서 느끼지 못하고 그냥 바람처럼 흘러 보낸 아쉬움이 숨어 있는 것이다. 시에서 이 바람은 바로 자신의 모습에서 찾아낸 또 다른 자아의 한 모습이다.
 고영복 시인은 밝은 시인이다. 아침이면 나팔꽃처럼 활짝 웃는다.

그러나 이 웃음은 그가 사물이 지닌 아름다운 삶의 섭리를 닮아 보려는 천성의 웃음이다. 그러기에 그가 보낸 지나간 세월에서 찾아낸 신록은 바람이라고 하고 있다. 그의 웃음은 이 바람처럼 세상을 가슴에 삭히며 살아온 또 하나의 보이지 않은 웃음의 의미라고 할 것이다.

끝으로 언제나 클래식을 가까이하는 고영복 시인은 서정 시인이다. 이는 그의 시의 독특한 개성인 동시에 그가 시를 쓰는 이유가 된다. 그러면서 그는 정서의 본질이 되는 감성을 맑고 밝은 그의 마음으로 다듬어 환한 얼굴로 형상하고 있다. 그가 살아온 역정을 모른다. 그렇지만 바람이 부는 산 계곡에 서있는 나무들은 비록 가지가 부러져도 울지 않는 바람이 지나가면 언제 그랬느냐는 듯이 고개를 들어 하늘을 본다. 이 나무처럼 고 시인이 서 있는 것을 이 시편 속에서 발견한다. 첫 시집, 그로서는 새로운 출발이지만 그가 젊은 날 뉴욕에서 살아가던 때처럼 막막한 이국의 땅에서의 낯선 걸음일지 몰라도 바로 그가 새롭게 개척한 새로운 땅임을 생각하여 양지(陽地)의 시 세계를 펼쳐질 것이라 기대한다. 첫 시집 출간을 축하한다.

초판 인쇄일 2021년 3월 15일
초판 발행일 2021년 3월 15일
지은이 고영복
발행인 송영자
발행처 심 상

06788 서울특별시 서초구 양재동 353-4 청암빌딩 2F
TEL. 02-3462-0290
FAX. 02-3462-0293
출판등록 제라-1696

값 12,000원
© 고영복
ISBN 979-11-85659-27-5